カンボジア

正式国名

カンボジア王国

面積

8万1039km²

（日本は37万7975km²）

人口 （2023:国連人口基金）

1690万人

（日本は1億2330万人）

カンボジアの世界遺産

カンボジアでは、2023年現在、次の4件の世界遺産が登録されている。

- アンコール
- プレア・ビヒア寺院
- ソンボー・プレイ・クック寺院地区と古代イーシャナプラの考古遺跡
- コ・ケー：古代リンガプラもしくはチョック・ガルギャーの考古遺跡

国旗

青は王室、赤は国民の色で、カンボジアでは古くから親しまれてきた伝統色。中央には世界遺産のアンコールワットが仏教をあらわす白でえがかれている。

日本との距離

東京からプノンペンまで

直線距離で約**4405**km

時差

2時間の時差がある。首都プノンペンは日本より2時間おそい。日本が昼の12時のとき、プノンペンは午前10時。

気候

国内全地域が熱帯気候で、1年を通して高温が続く。大きく雨季（5〜11月）と乾季（11〜5月）に分かれる。首都プノンペンの年間平均気温は28.7℃。

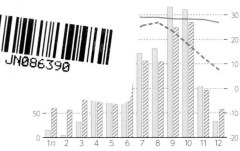

▲プノンペンと東京の月別平均気温と降水量

（『理科年表 2023』丸善出版）

◀アンコールワット内の柱に残る江戸時代の武士・森本右近太夫一房の墨書。1632年に訪問し、書かれた。

▶ジャヤバルマン7世によって12世紀末につくられた王都アンコールトムの中央にあるバイヨン寺院。

▲アンコールワット。スールヤバルマン2世によって1113年ごろから建てられた宗教建築。

▲作家・三島由紀夫の戯曲でも知られる、ライ王のテラス。

カンボジアと周辺の国ぐに

東シナ海

ダッカ

ミャンマー

台湾

ハノイ

ネーピードー

ラオス

ビエンチャン

フィリピン海

バングラデシュ

タイ

ベトナム

ベンガル湾

バンコク

マニラ

プノンペン

カンボジア

南シナ海

フィリピン

ブルネイ

マレーシア

クアラルンプール

バンダルスリブガワン

シンガポール

シンガポール

インドネシア

ジャカルタ

ジャワ海

現地取材！ 世界のくらし ⑪

カンボジア

文・写真：小原佐和子　監修：福富友子

国の象徴であるアンコールワット。
国民の心のよりどころでもある。

現地取材！ 世界のくらし⑪
カンボジア

もくじ

● チョムリアップ・スオ
おはようございます／
こんにちは／こんばんは

動画が
見られる！

少年の僧侶。

シエムリアプ郊
外の村の男の子。

古典音楽をロニアット（木琴）で奏でる。

古典舞踊を練習する
子どもたち。

お正月の寺院でポーズをとる男の子。

コンポン・チナン州の学校で学ぶ女の子。

◀こちらのサイトにアクセスすると、本書に掲載していない写真や、関連動画を見ることができます。

影絵芝居スバエク・トムの練習風景。

チェーク・チョーム姉妹像。お参りすると願いがかなうと人気。

水が育む国

カンボジアでは農業がさかん。田んぼとオウギヤシの広がる風景は、国を代表する風景として、絵画にもよくえがかれる。水牛は古くから農作業に使われ、身近な動物だ。ふんは堆肥として利用される。

▶アンコール遺跡のレリーフに残される水牛や魚。

稲作がさかんな熱帯気候の国

カンボジアはインドシナ半島南西部に位置する王国です。国土面積は約18万1000㎢で、周囲をタイ、ラオス、ベトナムに囲まれ、南はタイランド湾に面しています。国土の約4割はメコン川、トンレサープ川流域の平野部で、もっとも人口の多い地域でもあります。

平野部の周囲は南部の海岸部をのぞいて、高い山脈が連なります。東北部のアンナン山脈にはコーヒー栽培で知られるモンドルキリ高原があり、北部にはドンレーク山脈が、西部のカルダモン（クロワーニュ）山脈には国内最高峰の

アオラル山（1813m）があります。

国土は北緯11～15度に位置し、熱帯気候帯にあります。1年を通し高い気温と湿度が続きます。モンスーン（季節風）の影響が強く、5～11月は南西モンスーンによってスコールとよばれる強風をともなう滝のような多量の雨が短時間に降る雨季で、11～5月は北東モンスーンの影響による乾季となり、この期間に雨はほとんど降りません。

首都のプノンペンをみると雨量が多いのは9月で、季節の境目である4月にはいちばんの暑さがやってきます。もっともすずしいのは乾季の1月で、年間平均気温は約28.7℃です。

トンレサープ湖

▲東南アジア最大の淡水湖のトンレサープ湖とそのまわりに広がる平野。右側に船が見える。魚の宝庫であり、漁業も国の重要な産業だ。撮影した4月は乾季のため、水量は少ない。雨季になると湖の面積は3倍近くに拡大し、周囲に氾濫することで土が豊かになり、田畑に作物をもたらす。

▲メコン川。東南アジアでもっとも長い4425kmの河川で、流域の約20%はカンボジアにある。写真はプノンペンのトンレサープ川との合流点。ここからさらに支流のバサック川がうまれる。

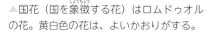

▲市場ではロムドゥオルの花のブーケが売られていた。

▲国花（国を象徴する花）はロムドゥオルの花。黄白色の花は、よいかおりがする。

▲魚の市場。淡水魚が中心で、ほとんどが国内で消費される。

▼はげしいスコールで川があふれ、冠水した道路。スコールのあとは、空気が冷えて気温が下がるため、すごしやすくなる。下水管の整備により、冠水する地域は少なくなっている。

5

戦争を経験した立憲王国

国のあらまし

復活した王室

　カンボジア王室は1970年に一度廃止されましたが、内戦後の1993年の新憲法で王政が復活しました。君主の権力を憲法によって制限する「立憲君主制」のため、国王が政治にかかわることはありません。カンボジアでは長年にわたり王室を敬う伝統があり、その精神は今も受けつがれています。王室の肖像画や写真がまちのあちこちにかざられています。

▲左から、2004年に即位したノロドム・シハモニ国王、ノロドム・シハヌーク前国王と前王妃。シハヌークは王政復古で二度王位についた。

負の歴史を次世代に

　カンボジアは1863年にフランスの保護国となり、1887年にはフランス領インドシナの一部として統合されました。支配は1953年まで続き、現在でもフランスパンをはじめとした食文化や建築物などから、植民地時代のなごりを見ることができます。

　1970年からは内戦が続き、その後のポル・ポト政権時代には、国民の5分の1をこえる170万人前後ともいわれる市民が殺されたり強制労働による犠牲になったりしました。こうした虐殺がおこなわれた場所はキリング・フィールドとよばれ、国内に300か所以上が確認されています。現在では、虐殺の歴史を次世代や世界に伝える場所として整備され、公開されています。

◀プノンペンにあるチュンアエク村のキリング・フィールド。埋められていた8985人の遺骨が慰霊塔に安置され、犠牲者への追悼と悲惨な歴史を伝えている。

▲フランス植民地時代に建てられたコロニアル様式のプノンペン中央郵便局。プノンペンのドンペン地区には歴史的建造物が残され、公共施設として今も使用されている。

仏教を深く信仰

国民の約97％が仏教徒です。戒律や伝統をきびしく守る上座部仏教が信仰され、国内には約5000の仏教寺院と7万人以上の僧侶がいます。ポル・ポト政権の時代、宗教はきびしく制限され、僧侶が殺されることもありましたが、のちに再建され、あつく信仰されています。現在では、経済的な理由で教育を受けられない子どもが、学びのために出家することもあります。

また、伝統的な精霊信仰や民間信仰も生活の一部で、古くから伝わるまじないやお守りも親しまれています。

民族の約85％がクメール人で6％が中国系、そのほかにベトナム人、チャム人、そして山岳部には多様な少数民族がくらします。

暦は西暦と仏暦、一部の伝統行事には太陰暦（月の満ちかけで決まる暦）が使われます。

▲ワット・プノムという寺の内部。プノムは丘という意味で、プノンペンのまちの名前の由来になった。

▲お参りは正座ではなく、横座りでおこなう。女性は僧侶の体や持ち物にふれてはならない。

▲僧侶の食べ物に制限はなく、朝の托鉢や信者によって供えられた料理（→p33）を食べる。午前11時以降は食事をとらない。寺では集められた料理をおかずごとに分け、食事の準備をする。

▲車のおはらいをする僧侶。寺では占いやまじないなどもおこなう。

▶さまざまなお守り。（左から）寺で手首に巻いてもらう組みひも、小さな仏像、イノシシの牙、魔よけのいれずみ。いれずみは僧侶にいれてもらう。

都会の集合住宅にくらす家族

■ 暑さをしのぐ知恵

　モニーさん（9歳）の家は、首都プノンペンの中心部にあります。80年ほど前に建てられた4階建てのロベーンとよばれる集合住宅の2階です。この家はお母さんの一族が1979年から、今はモニーさんの両親とお兄さん、おばさんなど親せき8人ほどでくらしています。

　部屋は奥行きのある細長いつくりです。玄関からすぐに台所、寝室、子ども部屋、居間、バルコニーと続きます。奥行きを深くとることで、日差しが部屋の中に届かず日かげになり、室内の気温が上がらずにすごしやすいのです。また、床はタイルで冷たく、ドアや窓の面格子は風をよく通します。暑い国で心地よくすごすための知恵がつまった家といえるのでしょう。

▲玄関でくつ下をはく。自宅内は裸足ですごす。

◀玄関部分。ここでくつをぬぐ。

モニーさん（中央）の家族と親せき。窓には防犯用の面格子がついている。

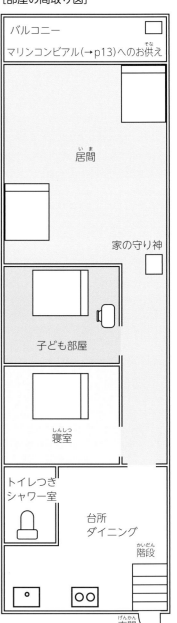

［部屋の間取り図］

バルコニー

マリンコンビアル（→p13）へのお供え

居間

家の守り神

子ども部屋

寝室

トイレつき
シャワー室

台所
ダイニング

階段

玄関

▲玄関からまっすぐのびるろうか。くつを置いておく棚や米の保管場所としても使われている。

▲広い居間。大きなベッドを使い、それぞれの生活空間を分けている。

◀ロベーンは、とくに都市部で多く見かけるアパートタイプの集合住宅。1階部分が店舗になっている。

▲都市部で建設中の新興住宅地にも、ロベーンがならぶ。

ここに注目！

あいさつは手をあわせて

カンボジアのあいさつは「ソンペア」とよばれる、手と手をあわせる合掌の形をとります。先に、年齢の若い人から年長者に声をかけるのがマナーです。相手によって合掌する手の位置がかわります。

おでこの位置	まゆ毛の位置	鼻の位置	口の位置	胸の位置

仏像や神様にお祈りするとき。	国王や僧侶にあいさつするとき。	両親や祖父母、先生にあいさつするとき。	年上の人にあいさつするとき。	同級生や友達にあいさつするとき。

伝統と現代が融合したくらし

都市部では飲める水道水が整備された。

団子を焼く鉄なべは、伝統的な調理道具。

プロパンガスを使用。こんろの下の棚には食器や調味料がある。

代だい伝わる石臼

　玄関をあがるとすぐ台所があります。プノンペンでは日本をはじめとした各国の支援により浄水場が整備され、水道水を直接飲むことができるようになりました。調理にはガスこんろと七輪を使い、お米は電気炊飯器でたいています。冷蔵庫もあります。

　台所に欠かせない調理道具はつき臼と杵です。石や木でつくられた臼と杵を使って、さまざまな食材や香辛料をつぶしてまぜた調味料をつくります。この調味料が料理の味の決め手になります。

　このように、ガスや電気製品のほか、伝統的な道具も使って食事の準備をします。

▲調味料をつくったり野菜を切ったりする作業は床に座っておこなう。石のつき臼は代だいこの家で使われているもの。ていねいに食材をつぶし、まぜあわせる。市場では加工されたクルアン（→p16）も売られているが、お母さんは手づくりにこだわっているそうだ。

▲玄関前の通路に置いた七輪で炭をおこし、魚の干物を焼く。屋外で調理することで、部屋の中は煤でよごれず、においもこもらない。

▲電気炊飯器とその横にはお茶やコーヒーなどが置いてある。

▲食事は台所にテーブルと椅子を出して食べる。小さな椅子は家庭や屋台でよく見かける。

▲バルコニーには物干しと洗濯用のたらい。洗濯は2、3日に一度まとめて手洗いする。

▲エアコンはなく、各部屋に扇風機がある。

おふろは水浴び

　台所の一角にはトイレつきのシャワー室があります。トイレの使用後はトイレットペーパーを使わず、バケツにためられた水を手桶にくんで、洗い流します。そして、便器内も同じように手桶で水を流します。

　1年を通して暑いカンボジアでは水浴びが基本です。汗やよごれを流す以外にも体を冷ます効果があり、日に何度か浴びるのだそうです。

▼シャワー室。トイレは西洋式。

▲カンボジアでは和式のトイレも多く使われている。右の水だめから、手桶で水をくんでおしりを洗い、水を流す。

親せきを大切にする文化

■ ゆるやかな世帯のかたち

　カンボジア語の「家族」という言葉には、日本語の「家族」よりも広い親せき関係がふくまれます。カンボジアではモニーさんの家のように、家族以外の親せきが同居することがよくあります。通勤や通学のため、おじさんやおばさん、年のはなれた兄弟の家に住むことは、ごく一般的なことです。一度訪ねただけでは、同じ家でくらす人たちの関係性が把握できない世帯もあるそうです。きびしい内戦の時代を生きぬいた、カンボジアらしい助けあいの精神にもとづく習慣なのかもしれません。

▲登校前、友達や同居する親せきの子どもと遊ぶ。広いバルコニーは風が通り、日かげですごしやすい。遊び場にはぴったりだ。

▲寝室で制服に着がえて登校の準備をするモニーさん。部屋には日本のキャラクターのぬいぐるみもあった。夜はこのベッドで両親といっしょに眠る。

◀夕ご飯のあと、子ども部屋で宿題に取り組む。勉強机は1つなので、お兄さんと交代で使っていた。この部屋の壁には写真がいっぱい。

身近な神様たち

居間には仏壇があります。おじいさんとおばあさんを中心に親せきの写真を壁の高い位置にかざり、線香や花をお供えしています。

家にはお守りや家の守り神もあります。感謝をささげ、家や家族を病気や災いから守るよう、願いをこめて祈ります。熱心な仏教徒が多いカンボジアでも、古くから伝わる精霊信仰が身近なものとしてくらしに根づいているのです。

▲おじいさん（中央左）はポル・ポト政権時代（→p6）の大量虐殺の犠牲になった。家族に残されたのは1枚の写真だけ。

▲ヨアンとよばれるお守り（護符）。居間の天井近くの高い位置に、外から室内を守るようにはってある。

▲バルコニーにつるされていたのはマリンコンビアル（日本の座敷わらしのような存在）へのお供え。

▲室内には中国語が書かれた家の守り神がある。中心には線香がたてられている。

モニーさんの1日（学校が午後の部の場合）

モニーさんは朝8時に起きます。お母さんが9時に朝ご飯のしたくを始めるので、お手伝いをして、10時に家族とご飯を食べます。食後は水浴びをして、制服に着がえたら午後12時30分にお母さんと同居する親せきの子と、歩いて5分ほどの学校へ登校します。

学校は午後1時から始まり、5時までです。下校後、週5回は英語の塾に通います。6時30分に帰宅して、家族とご飯を食べます。学校や塾の宿題や予習をすませて、夜9時に眠ります。

好きな科目はカンボジア語。

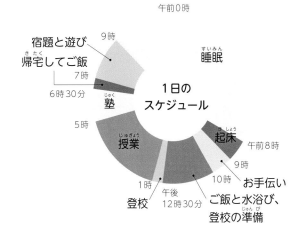

午前0時

1日のスケジュール

宿題と遊び 9時
帰宅してご飯 7時
6時30分
睡眠
塾 5時
起床 午前8時
授業
9時 お手伝い
登校 1時 午後12時30分
ご飯と水浴び、登校の準備

国をささえるお米

食事の基本はお米

　稲作のさかんなカンボジアでは、お米が食卓の中心です。1人あたりの年間消費量は、200kgをこえています（世界平均は約65kg）。

　市場ではさまざまな品種や産地のお米が売られていますが、よく食べられるのは細長いインディカ米です。お菓子やちまきには、もち米が使われます。

　市場で食材やおかずを購入し、家で食べる家庭が多いそうです。お米も魚も国内で豊富に生産され消費もされるカンボジアでは、国全体で自給自足のくらしをしているようです。

▲お米屋さん。料理によってお米の種類をかえるため、さまざまな品種が販売されている。産地や収穫時期によって価格もことなる。

▲カンボジア語でご飯は「バーイ」。ご飯と食事、2つの意味がある。味のこいおかずにあわせて、お米をたくさん食べるのが基本だ。

目玉焼き　　中国のしょうゆ

焼いた魚の干物　　ソムロー・ココー

▲モニーさんの家の朝ご飯。ソムロー・ココーはカボチャなどの野菜といり米の入ったスープで、カンボジア料理を代表する家庭料理のひとつ。ご飯の皿に、おかずやスープをとって食べる。

▼もち米とバナナをバナナの葉で包んで焼いたちまき。　　▼赤い色のもち米を使ったあまいおやつ。

食事のマナー

　右手でスプーン、左手でフォークを持って両手で食べます。食べ物を切るときは、スプーンをナイフのように使います。お皿やおわんはテーブルの上に置いたままで食べます。

　食事の前後に、あいさつはありません。

▲バーイ・チャー（チャーハン）を食べる。

ソムロー・ココーのつくり方

▶プロホック（→p16）はカンボジア料理には欠かせない調味料。

① 石臼で香辛料（タマリンドやターメリックなど）をしっかりつぶす。
② 食材を切る。
③ プロホックを加えた香辛料→肉→魚→塩→野菜の順にいためる。
④ 水といり米を加えて煮こむ。
⑤ 仕上げにモリンガの葉を加えて完成。ご飯といっしょにいただきます。

悲劇が生んだ豊かな食文化

　日本と気候がことなるカンボジアは、私たちにとってなじみのない食べ物を見つけることのできる国でもあります。

　市場ではツチグモやコオロギ、タガメなどが調理され、売られています。こうした昆虫はポル・ポト政権の時代（→p6）、食べられる物がなく、飢えをしのぐために食べるようになったそうです。その習慣が残り、今では好んで食べられるようになりました。戦争は食文化にも影響を与えています。

▶めずらしい食べ物。
① アリのたまご、② ツチグモ、③ ヘビの干物、④ ホテイソウの花

歴史が育む食文化

あまくてすっぱい料理

多くの料理には、プロホック（→p15）という淡水魚を発酵させた日本の塩辛のような調味料が使われています。あまみはヤシ砂糖(→p36)、酸味づけには香草や果物がよく使われます。カンボジア料理の特徴ともいえる、コクのあるあまくすっぱい独特の風味は、こうした調味料から生まれています。

市場には日本では見かけることの少ない野菜や果物、魚や肉、香辛料がたくさんならんでいます。新鮮な食材そのものの味をいかしながら、隣国のタイやベトナム、かつて植民地支配を受けたフランスの食文化を柔軟に取りいれ、カンボジアの食文化は味わいぶかく形成されていったのです。

▲お米と魚は定番の献立。焼いた干し魚とスイカ、お米の朝ご飯。スイカはおかずとしてご飯といっしょに食べる。

▲食材とあわせ、バナナの葉に包んで焼いたプロホック（中央）。塩からいのでご飯や焼き魚、生野菜と食べる。

▲クルアン。いくつかの香辛料が調合されたもので、料理の味つけのもととして使われる。

▲カンボジア料理に使われる香辛料。

動画が見られる！

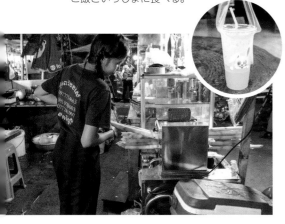

▲サトウキビジュースの屋台。生のサトウキビを圧搾機にかけて、その場でしぼってくれる。

▲パイナップルはその場で切ってくれる。
◀熱帯フルーツも豊富。マンゴーやパパイヤは熟した状態で食べられるのはもちろんだが、熟す前の状態でも、野菜のような感覚で食べられている。バナナは調理用など、いくつかの品種が売られている。

伝統料理

▲ノム・ボンチョック：ココナツミルク入りのそうめん。

▲ソムロー・カリー：カレー。祭事など人が集まるときに食べる。

▲ソムロー・マチュー：タマリンドを使ったすっぱいスープ。

▲タッ・クルアン：生野菜を魚のソースにつけて食べる。

レストランで

▲アーモック：淡水魚とたまご、ココナツミルク入りの蒸しカレー。

▲ポーンティア・チアン・トライプロマー：塩魚入りのオムレツ。

▲チャー・ムック・マレイ・クチャイ：イカの生コショウいため。

▲モアン・ドット：とりの丸焼き。ソースは食用のアリ入り（右）。

朝ご飯

▲ボボー：味がしっかりついたおかゆ。具を選べる店が多い。

▲バーイ・サイッ・チュルーク：焼いたぶた肉とご飯。

▲ノム・パン・パテー：フランスパンのサンドイッチ。

▲ノム・パン・コーコー：カンボジア風ビーフシチューとパンのセット。

めん類

▲クイティアウ：米粉のめん料理。具材の種類が豊富で選べる。

▲ロート・チャー：焼きうどん。短いめんを使用。

家庭料理

▲プロホック・リン：プロホックのいため物。野菜につけて食べる。

▲チャー・トロクオン：空芯菜のいため物。

デザート

◀（左から）カボチャプリン、かき氷、ヤシ砂糖の蒸しケーキと白玉、タピオカ粉のお菓子。

拡大する都市部

▲首都プノンペン。写真右下から中心に向かってまっすぐのびるモニボン通りは市内を南北に結ぶ目ぬき通り。左の白く丸い屋根の建物は1937年に建てられた歴史ある市場のセントラルマーケット（→p21）。近年、人口増加とともに都市開発もどんどん進んでいる。

▲都市部では、人口密集地域や貧しい地域での再開発も進められている。いっぽうで、そのことによる建物の移転先や補償をめぐる問題も発生している。

都市の拡大と人口集中

　カンボジアでは、首都プノンペンの人口が200万人をこえる＊など、近年、急速な経済成長を背景に都市部での人口が著しく増加しています。それにともない、歴史的建造物（→p6）の取りこわしや景観の保存、移設や移住にともなう補償などの課題も指摘されています。

　かつての長い内戦によって国内の鉄道や道路、橋の多くが破壊されました。現在、復旧や

＊UN, World Population Prospects: The 2022 Revision

新設の進む道路網がおもな移動手段となり、車の増加による交通渋滞を引きおこしています。このため、都市部では公共の市内巡回バスの整備が進められています。

鉄道の再整備はおくれているため、長距離の移動にはバスや飛行機が利用されています。2022年に国内ではじめての高速道路（プノンペン～プレア・シハヌーク州）が開通しました。

▲夕方、交通渋滞が始まる。バイクはヘルメット着用が義務化された。

▲3輪タクシーのトゥクトゥク。スマートフォンの配車アプリでも利用できる。市民の足として、また観光客にも人気がある。

▲日本の支援による国道1号線改修の記念碑。1号線はベトナムのホーチミンとプノンペンを結ぶ、重要な幹線道路。

▲長距離バスの発着場。バスは荷物を運ぶ宅配便の役割もになう。

動画が見られる！

▼プノンペン駅から発車するのは1日2便1往復（2023年6月現在）。線路脇ではニワトリが飼育されていて、のんびりした雰囲気。

ここに注目！

プノンペンの市内巡回バス

プノンペンを走るバスに日本の国旗を見つけました。これは日本が支援した車両で、韓国と中国のバスも走っています。

市内の17路線を巡回する公共バスは一律料金で、学生や子ども、身体に障がいのある人、高齢者、僧侶は無料で乗車できます。時刻表はなく、10～15分間隔でバスは次つぎとやってきました。

From the People of Japan

活気あるまちのくらし

オルセーマーケット。プノンペン中心部にある3階建ての大きな市場だ。

なんでもそろう市場

　まちには大小さまざまな市場があり、人びとのくらしをささえています。大きな市場では食品や食堂のほかに、衣類やくつ、日用雑貨、生薬、花、おもちゃ、仏具、宝飾品など生活に必要なものをはじめ、美容室やネイルサロン、占いまでそろっています。細い迷路のような市場の中は、お客さんと店員さんの声がとびかい、活気にあふれています。

　移動販売もさかんで、歩きやバイク、自転車でリヤカーを引きながら販売します。

　都市部では大型のショッピングモールやコンビニエンスストア、スーパーマーケットの出店もふえています。経済成長にあわせ、少しずつまちのすがたも変化しています。

▼郊外にある日系企業による大型のショッピングモール。

▼まちかどの市場。どこもたくさんの食材がならぶ。

▲歴史的建造物として観光名所でもあるセントラルマーケット。

▲店舗をもたない移動販売もさかん。

▼電子マネーでの支払いが急速に広がっている。

◀市場の占い師。守護霊をみてアドバイスをしてくれる。

▲市場で生薬や煎じ薬を売るお店。病院や医師の数が十分でなく、治療費も高額なため、伝統的な薬（写真左上）を求める人も多い。

▲まちのあちこちにほこらや寺院がある。月4、5回ある「戒律日」にはとくに多くの参拝者でにぎわう。

■ まちとくらしを守る

　まちなかでは交通警察官が交通安全の指導をおこなっています。パトカーや消防車、救急車も配備され、市民のくらしを守ります。

▼警察署。国旗が掲揚されている。

▲消防車。

▲警察車両。

▶日本の学生医療支援ＮＧＯから寄付された救急車。

学校は午前と午後の2部制

毎週月曜日には朝礼をして、国旗の掲揚をする。

学校と塾で学ぶ子どもたち

カンボジアでは内戦後、教室や先生の数が不足しているため、多くの学校が2部制です。午前の部は7時から11時、午後の部は1時から5時までで、ひと月ごとに午前と午後を交代します。半日の空き時間には塾に通う子が多く、学校は月曜日から土曜日までの週6日です。

登下校は保護者の送迎か、トゥクトゥクや乗合バスなどを利用します。地域によってはスクールバスのある学校もあります。

プノンペン中心部にある公立のプレア・ノロドム小学校は全校児童が約3200人、先生は81人の大きな学校で、教育省によって選ばれた「優秀な先生」が市内で一番多い学校です。一般教育課程での基本的な授業料は無料です。カンボ

ジアは地域による学区制度がないため、保護者が教育内容や送迎の都合によって学校を選び、入学の手続きをします。

学校生活は1月に新学期をむかえます。年に2回の長期休暇があり、「小休み」はカンボジア正月（4月）の1〜2週間、「大休み」はお盆時期（10月ごろ）の2か月間です＊。年ごとに日付や期間が決まります。

＊2023年の場合。従来は9月または10月始業だったが、新型コロナウイルス感染症の大流行による影響などで変更されている。2024年の新学期は、12月1日からとなっている。

▼校庭に集まる午前の部の子どもたち。

▲登校時の送迎風景。バイクの利用が多い。

▲モニーさんと親せきの子はお母さんと歩いて登校。

▲いっせいに下校する子どもたち。学校の周囲では登下校による交通渋滞も発生していた。ストゥンミアンチェイ小学校。

▲郊外の学校ではバスによる送迎も実施されていた。学校への交通手段の確保がむずかしい子どもたちへの民間協力組織による援助。

▲校門前の売店でマスクを買う子ども。学校でマスクをつけるかどうかは自由(2023年6月現在)。文房具や雑貨、軽食なども売られている。

▲学校の制服は白いシャツに紺色のパンツかスカートを着用する。かばんとくつは自由。体育のある日は体操着で登校する。

カンボジアの学校制度		年齢のめやす
就学前教育	幼稚園(第1学年から第2学年までの2年間)	満4歳から満6歳まで
初等教育	小学校(第1学年から第6学年までの6年間)	満6歳から満12歳まで
中等教育	中学校(第7学年から第9学年までの3年間)	満12歳から満15歳まで
高等教育	高校(第10学年から第12学年までの3年間)、大学(第1学年から第4学年までの4年間)	高校は原則として満15歳から満18歳まで、大学は18歳以上から

原則として満6歳から満15歳までの9年間が義務教育とされる。中学校および高校卒業時に修了試験があり、不可の場合は留年となる。

暑い国の学校生活

▲モニーさんの所属する一般教育課程４年Ａ２クラスの授業風景。後方の壁の赤十字は薬箱で、保健室がないため、各教室に置かれている。壁には標語と単位や物価の表、曜日ごとの服装の色（→p35）をしめすポスターなどがはられている。

共有の教室と教科書

　昼の校舎では、午後のクラスの当番の子どもたちが教室とろうかのそうじをしていました。２部制のため、午前のクラスが使ったあとの教室を整え、きれいにします。先生は午前と午後、同じ教室で同じ授業を２回おこないます。

　教室の天井には扇風機があり、窓にはガラスがなく面格子がはめてあるだけなので、風通しのよい環境です。上ばきはなく、モニーさんのクラスでは外ばきのくつをはいたまま入室します。担任の先生の指導によっては、くつはろうかでぬぎ、くつ下で授業を受けます。教室内にはロッカーがないため、かばんは椅子の背と自分の背中ではさむように置き、席に座ります。

　教室には貸出用の教科書が用意されていますが、ふだんの予習・復習用に本屋さんや市場で販売されている教科書を購入し、持参する子どもも多いそうです。よく見ると、教科書に透明のカバーをつけて保護しています。雨季に多い突然のスコールによって、ぬれてしまわないよう、大切にしているのです。

▲こみあう購買部。休み時間を利用してパンや軽食、飲み物やお菓子を購入して食べる。

◀日本から寄付された学習机と椅子が使用されている。

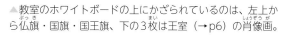
▲教室のホワイトボードの上にかざられているのは、左上から仏旗・国旗・国王旗、下の3枚は王室（→p6）の肖像画。

▲学校では、線を引くときは定規を使うよう指導している。ペンといっしょに持参する。

▲透明のカバーをつけた教科書。有料でカバーをつけるお店もある。

インタビュー

動画が見られる！

校長先生から日本のみなさんへ

　みなさん、こんにちは。プレア・ノロドム小学校の校長、チュルン・サリーです。本校では、一般教育課程・特別現代教育課程・日本デジタルラーニングセンターで学ぶことができます。児童たちは世界のいろいろな国ぐに、とくに日本の児童と交流できることを願っています。それぞれの国の将来のため、みなさん一生懸命に勉強をしてくださいね。

一般教育課程4年生 火曜日の授業（午後）		
①	1時〜1時40分	カンボジア語
	休み時間10分	
②	1時50分〜2時30分	カンボジア語
	休み時間10分	
③	2時40分〜3時20分	算数
	休み時間10分	
④	3時30分〜4時10分	理科
	休み時間10分	
⑤	4時20分〜5時	理科

時間割は曜日によってかわる。科目はカンボジア語、算数、理科、社会、体育、英語、パソコン。木曜日は時間割がなく、自由課題に取り組む。

熱心に学ぶ子どもたち

最先端の教育現場

　プレア・ノロドム小学校は一般教育課程のほか、STEM教育*を実践する特別現代教育課程が併設されています。授業料は有料で、入学時には試験もありますが、とても人気があります。授業は朝から夕方までの1部制、1年生から6年生までの556名が通常の授業に加えて、プログラミングや算数を学んでいます。

　校内には新たに日本デジタルラーニングセンターが設立されました。日系企業が開発した教育アプリ「Think! Think!（シンクシンク）」などを取りいれたパソコン授業が、4年生から6年生の全児童に週1回おこなわれています。

*科学・技術・工学・数学を重視する教育方法。

▲4年生の算数の授業。授業はすべて英語でおこなわれる。

▲日本デジタルラーニングセンター。カンボジア教育省、日本の教育アプリの開発企業と国際協力機構（JICA）が協力して実現した。

▲週2回あるロボットの授業を受ける3年生。特別現代教育課程の児童は制服にベストを着用する。

▼週5回英語塾に通うモニーさん。塾に通う子どもは多い。

▲校庭で遊ぶ児童たち。白いシャツと緑色のパンツは体操着。

▲コンポン・チナン州の村の学校。校庭の真ん中には大きな木。休み時間には子どもたちが木かげの遊具に集まる。

▲かつて村には学校がなく、天候によっては遠方への通学がむずかしい子どもたちがいたため、支援者らによって2004年に建設された。

▲休み時間が終わり、教室に入る前にはせっけんを使って手洗いをする。配管素材を利用した手づくりの手洗い場。

▲学校に新設されたトイレ。新しい施設は、バリアフリー対応であることが多い。

学校と教科書で学ぶこと

授業中の教科書をのぞいてみると、蚊の生態がイラストでえがかれていました。カンボジアでは蚊に刺されることによって発症する病気「デング熱」が、とくに雨季に流行します。命を落とす可能性もある感染症のため、子どもたちは生態と病気を知ることによって、感染防止対策を学んでいるのです。

また、カンボジアでは内戦で使われた兵器の地雷が、畑などに埋まっていることがいまだにあります。あやまって地雷にふれてけがをしないよう、こうした知識も教科書で教えています。

▶蚊の生態を授業で学ぶ。

◀▼教室内に蚊が入ってくるので、先生が蚊取り線香をたく。

現代の遊びと伝統的な遊び

遊びもさまざま

小学校の子どもたちは、授業の合間や登下校の時間に校庭でバスケットボールや追いかけっこをして遊びます。

学校内でのスマートフォンの使用は制限されていますが、多くの子どもたちが自由時間や休日にタブレットやスマートフォンを使ってゲームやSNS、動画鑑賞を楽しみます。

シエムリアプ州でおこなわれたカンボジア正月の祭りでは、古くから親しまれる正月の遊びを体験するイベントが開催されていました。子どもから大人まで、遊びを通じて国の伝統を学ぶ場になっていました。都市部では生活環境の変化により、こうした素朴な遊びの機会は少なくなっています。

▲夕食後、スマホでゲームをするモニーさん。

動画が見られる！

▲じゃんけんのルールは日本と同じ。グーはかなづち、チョキはハサミ、パーは紙をあらわす。

▼放課後、むかえを待ちながら元気に遊ぶ子どもたち。

▲学校の休み時間、ビー玉で遊ぶ子どもたち。

▼ゴムとび。やり方は日本と同じ。

▲空中にぶらさげた砂などを入れたつぼを、目かくしをして棒でたたきわる正月の遊び。日本の「スイカわり」のような遊び。みごとにわった瞬間。

▲オンコニュ遊び。マメ科の植物モダマ（右）の大きな豆を男女で分かれて投げあう正月の遊び。

▲綱引きは、カンボジア正月や祭日におこなわれる。2015年にはカンボジア・フィリピン・韓国・ベトナムの4か国の「綱引き」がユネスコの世界無形文化遺産に共同登録された。

▶アンコールワットにも綱引きのように蛇を引きあう「乳海攪拌」の壁画がある。

身近な隣人として

　2023年に日本とカンボジアは外交関係が結ばれてから70年になりました。毎年5月には東京でカンボジアフェスティバルが開催され、カンボジアの文化にふれる交流の場になっています。

　現在、日本に滞在するカンボジア人は2万1592人（2023年6月時点、入管統計）にのぼります。外国人技能実習生は1万4000人をこえ、その数は年ねんふえています。これからは身近な隣人として多くの接点が生まれ、たがいに理解を深めながらささえあう関係が期待されます。

▲カンボジアフェスティバル。カンボジアの文化や音楽、伝統舞踊などが披露される。

食事やスポーツを楽しむ休日

家族や友達との時間を楽しむ

　経済成長とともに、都市部には国内企業によるおしゃれなカフェが次つぎにオープンし、若い人たちの集まる場所になっています。

　週末は水辺や行楽地ですごすピクニックが人気です。郊外のショッピングモールには、家族連れや子どもたちの遊ぶすがたがありました。また、レストランで食事をしたり記念日を祝ったりすることも多くなりました。

　食事とともに、家族や友達との時間をのんびり楽しむのがカンボジアの休日なのです。

▲国内資本の人気チェーン店カフェ。スマートフォンを片手にゆっくりすごす。テレワークで利用する人も多い。

▲屋外でオク・チャトロンを楽しむ人びと。オク・チャトロンは将棋やチェスに似たボードゲーム。東南アジア競技大会の種目のひとつにも選ばれた。

▼プノンペンの川ぞいで夕すずみを楽しむ人たち。

▲ショッピングモールのゲームセンターで遊ぶ。

▲外食を楽しむ一家。人気店の週末は人でいっぱい。

▼行楽地でピクニックを楽しむ家族。

▲独立記念塔の周囲は、明け方や夕方のすずしい時間になると、散歩やジョギングをしに多くの市民が集まる。

▲地域の空き地を利用した手づくりバレーボール場。とくに郊外で多く見かけた。夕方になると人が集まり、試合が始まる。

人気のスポーツ

クン・クマエはカンボジアのキックボクシングで、隣国タイのムエタイと同じ起源をもつ伝統的な格闘技です。試合はテレビや動画サイトで放送される国民的なスポーツで、子どもや女性の選手も活躍しています。有名な選手は試合で高額な賞金を得るため、プロになり成功することをめざす練習生もいます。

都市部では多くの市民がウォーキングで汗を流すようすが見られます。公園や空き地では、バレーボールやサッカーを楽しみます。

◀道場に通う兄弟。お父さんもクン・クマエの選手で、2人の夢はプロの選手になることだ。

先生は夢をもつ練習生たちのため、無料で道場を運営している。

31

女神がやってくる正月

1年の始まりは4月

カンボジア正月（新年祭）は1年でもっとも暑い4月中旬におこなわれます。祝日の3連休は遠方でくらす家族が帰省したり、家族旅行に出かけたりと国じゅうがにぎやかです。

シエムリアプ州のヨート・トロップさんの家を訪ねました。新年にやってくる新しい女神をむかえるための祭壇を準備します。2023年は4月14日午後4時に女神が降臨し、その儀式のようすはテレビで中継されました。無事に家族みんなで新年をむかえました。

翌日は家族の墓のある寺院に正装して出かけます。墓そうじをして、僧侶にお祈りをしてもらいました。こうした儀式は大みそかにおこなう家庭も多いそうです。

寺院では仏像に水をかけて清めます。家でも年長者を敬い、同じように水をかけます。また、近ごろは都市部でも、人びとが新年を祝ってバケツやホースなどで水をかけあうようになりました。このときは観光客も参加して、連日夜までおおいに盛りあがります。

▲寺院には砂山の仏塔がつくられる。参拝者は周囲を歩きながら、線香をさしたり、砂をかけて寄進したりする。正月やお盆などにおこなわれる儀式。

▼ヨート・トロップさん（右から3番目）。正月は正装して寺院にお参りする。カンボジアでは女性は出家できないが、熱心な仏教徒のおばあさんは髪をそっている（右から2番目）。

▲正月用の祭壇は家の外に向けてかざられる。

▼祭壇のお供えは各家庭でことなる。こちらの家では果物と花がいっぱい。バナナは新しい年の女神の好物。

女神降臨の中継を見守るヨートさん家族。7人いる女神の中から新しい年の女神をむかえ、昨年の女神に感謝する。新年が始まると、1人ずつ祭壇に線香を供える。

▲寺院からもどると子どもたちが年長者に感謝をこめて、水をかける。

▼左：仏像に水をかける親子。右：都市部では子どもたちも「水かけ」に参加。この日ばかりは水をかけてもしかられないので、みんなうれしそう。

▼家族の墓のとびらを開け、僧侶にお供えとお布施をして拝んでもらう。僧侶の前では裸足になる。

お供えの料理

お供え物

33

大きな節目の儀礼

■ 盛大な葬式

　葬式の多くは亡くなった人の家でおこなわれます。家の前にテントがはられ、遺体の入った棺や写真、線香や食べ物などのお供えが置かれます。会場にはテーブルと椅子も用意され、参列者には食事がふるまわれます。この家では、亡くなった人の孫息子は髪をそっています。

　アチャーとよばれる祭司が、マイクを使って、葬式の歌をよみあげていました。声は周囲に大きく響きわたり、集落全体で故人をとむらっているようです。

　葬式のあと、遺体は火葬され、骨つぼは墓や寺院、自宅に保管されます。

この日は葬式3日目でこれから火葬する。
棺はカンボジアの寺院のようなデザイン。

▼道路にせりだしたテント。結婚式や葬式はこうしておこなわれることが多い。田舎だけでなく都市部でもよく見られる。

▲ワニ旗。葬式の際に家の前に立てられる。

▼お経を読む祭司（アチャー）。寺院では儀礼の進行役や僧侶の補佐をする。

多様化する結婚式

　結婚式の多くは雨季の終わりの11月から4月中旬まで、花よめの家や家の前の道路にテントをはって（→p34）おこなわれます。式の日にちは占いで決められ、儀式は祭司と僧侶によってとりおこなわれます。披露宴で招待客はお祝いにお金をわたし、食事をふるまわれます。都市部では結婚式場やホテルでの披露宴も人気があります。

　近年では伝統的な婚礼衣装を着て、遺跡や景色のきれいな場所で、写真や動画の記念撮影をプロに依頼することも流行しています。

▲伝統衣装を着て、アンコールワットで結婚写真を撮る新婦と新郎。

▲ビンロウの花。結婚式の祭壇にかざられる特別なもので、子孫繁栄の象徴でもあるそうだ。

◀左：婚礼衣装のレンタル専門店。西洋風のドレスもある。
右：伝統的な女性の正装は、白のブラウスにロングスカート、コンサエン（たすきのようにかたにかける布）。寺院への参拝でも着用する。

今日は何色？

　カンボジアでは伝統的に各曜日に色が決められています。服の色もそれにあわせて選ぶ習慣があり、幸運をよぶとされています。今でも結婚式などで正装する際には、守られているのだそうです。

　右の写真では、上半身はブラウス、下半身はチョーン・クバンとよばれる着方で、大きな腰布を巻き、折りたたみ、ズボンのようにしています。布の種類によって、日常着か正装かが決まります。

▲左から順に日曜日は赤色、右はしの土曜日はこい紫色。

農村部のくらし

ヤシ砂糖の村で

アンコールワットから約10km北東にあるプレア・ダック村を訪れました。この村ではオウギヤシからとれる花序液＊を加工したヤシ砂糖の家庭内製造がさかんです。この村で生まれたトゥーン・タイさんは40年以上ヤシ砂糖の製造を続けています。その製法は、先祖代だい受けつがれてきたものだそうです。

タイさんがくらす木造高床式の住居は、湿気がこもらず、雨による浸水から家を守り、ヘビなどの侵入も防ぎます。調理のときは屋外のかまどで薪を使って火をおこします。水は井戸水と雨水を利用します。自然のめぐみをいかした昔ながらの方法でくらすタイさんのすがたを通して、伝統的なカンボジアのくらしを知ることができました。

＊花をつけたくきや枝の部分である「花序」からとった液体。

トゥーン・タイさん（右はし）一家。
木造高床式の家に子どもや孫とくらす。

▼高床の床下部分は日かげですずしい。物置だけでなく、テーブルやハンモックを置いて、居間としても利用している。

▼水牛を散歩させ日に2度水浴びさせる。農作業は機械化が進んでいるが、部分的に水牛を使う。ふんは畑の肥料にして、大きく育ったあとは売りにだす。

▲オウギヤシにのぼるタイさん。腰にはナイフと花序液をとるための容器。

▲花序を切り、断面からあふれる花序液を収穫する。時間がかかるので、容器を結びつけて数時間後に回収する。

▲花序液をなべに入れて加熱する。あくをとりながら煮つめて濃度を調整。

◀花序液。ジュースとしてそのまま飲んだり、発酵させてお酒にしたりする。

▲容器につめて販売する。ヤシ砂糖には液体と固体のものがあり、料理の種類によって使いわける。やさしいあまさが特徴だ。

◀庭の井戸。

▲煮つまった花序液を、大きな木の棒を使ってかきまぜながら冷ます。空気をふくみ、白っぽくねばりけがでたら完成。

ここに注目！　生活の布クロマー

クロマーはカンボジアを代表する布のひとつです。大きな1枚の布を衣類として腰に巻いたり、ぼうしのように頭に巻いたりして利用します。風呂敷として物を包んでバッグのように使うこともできますし、また、赤ちゃんのハンモックや抱っこひもにもなります。日常的に使われる生活の布として、今でもはば広く活用されているのです。

▲日よけのぼうしとして頭に巻く。

▲水浴びをするときの腰巻き。

未来へつなぐ伝統芸能

動画が見られる！

男性だけで演じる仮面劇ルカオン・カオルを練習する子どもたち。

伝統芸能を子どもたちへ

カンボジアで芸能は冠婚葬祭をはじめ行事にかかせない身近なものです。ポル・ポト政権時（→p6）、多くの芸術家らが殺され、芸能をふくむ芸術活動はいっさい否定されました。芸術や文化が、消滅の危機にさらされたのです。内戦の収束後、各国の支援により活動は再開されましたが、現在は担い手不足が指摘されています。

トゥオン・ソキア先生はシエムリアプ州で子どもたちに無料で伝統芸能を教えながら、各地で公演をおこなっています。年齢や性別、国籍を問わず、どんな人でも受けいれていて、4歳の子もいます。子どもたちは真剣に先生の指導に向きあい、毎日練習しています。

先生はカンボジアの芸術を未来へ残すことに人生をささげています。公演や練習を通じて、国の芸術を世界に紹介する活動が続きます。

▼舞踊を教える先生。手や足を大きく反らせる動作が特徴。

▼子どもだけでなく、大人になった教え子たちも手伝いに集まる。

新年をむかえる踊り

　トロットは年末におこなわれる新年への幸福の願いをこめた民俗舞踊です。旧年を意味する木製のシカの頭を持った演者を、狩人役が矢でたおし、新しい年をむかえいれる内容です。

　カンボジア正月前のシエムリアプ州では、伝統芸能を学ぶ一座がホテルや商店に依頼され、トロットを奉納し、新年の繁栄を祈願します。正月前のにぎやかで楽しい習慣です。

▲トロットの踊りが終わると、見物人や依頼人は厄払いの聖水を一座の先生にかけてもらう。

▶かごを持って踊る。見物人はかごにお礼のお金を入れる。

▲トロットは布のついた竿の先の鈴を鳴らし、歌い踊る。依頼人は中央の女性が手にする竿についた赤い布袋に、お礼のお金やお米を入れる。

▲木製のシカを持って踊る。

 **ここに注目!**

歴史と文化を伝える作業

▶貝多羅葉。

　プノンペン国立図書館では、古い新聞や雑誌、寺院に保管されていた貝多羅葉の整理と、デジタル化の作業がおこなわれています。貝多羅葉は紙のかわりに使われた葉で、お経などが書かれています。

　内戦の混乱によって多くの物が失われたカンボジアでは、残された資料が今後ますます貴重な物になっていきます。こうした作業は歴史や文化を保存し、次世代に伝えるための、大切な仕事なのです。

▲資料を撮影し、整理していく。

メコン川のめぐみ

漁業のくらし

　東南アジア最大の湖、トンレサープ湖は雨季になるとメコン川の水量の増加とともに、面積は約3倍に拡大し、水位は8m以上高くなります。地域によっては陸地が水面下に沈むため、高床式の住宅でくらします。雨季になり道路が水につかると、ボートで集落を移動します。

　湖では漁業がさかんで、とれた淡水魚は生魚のほか干物や燻製、プロホック（→p16）などの保存食に加工されて市場で売られます。魚をたくさん食べるカンボジアで、トンレサープ湖産の魚は味がよいと評判なのだそうです。

　ただし近ごろは世界的な気候変動や、ダム開発にともなう水位の変化、乱獲などによる魚の減少の問題もかかえています。

乾季

雨季

▲季節によるトンレサープ湖の水位の変化。

▼水位の低い4月。どろや土の影響で川の色は1年を通して茶色い。漁師が網を投げて、魚をとっていた。コンポン・プルック村。

水位のあと

▲水上集落の学校は高床式の校舎。白い校門の柱に水位の影響による茶色のあとが残る。雨季の間、子どもたちは船で学校に通う。

▲とった淡水魚は家で燻製に加工し、販売する。

カンボジアのイスラム教徒

　国教である仏教の次に信者の数が多いのはイスラム教です。イスラム教徒はおもにチャム族の人びとで、国民の約2％を占めています。チャム族は、インドシナ半島に17世紀まで存続したチャンパ王国を建てた民族です。多くは漁業を生業としており、かれらの住む地域にはイスラム教の礼拝所モスクもあります。

▶ヒジャブ（スカーフ）で頭部をおおい、魚を売るイスラム教徒の女性。

ここに注目！

親子でことなる姓

　カンボジア人の名前は日本人と同じ「姓・名」の順です。ただし、姓は家族全員が同じとはかぎりません。姓にあたる前半部分に、父親や祖父の名を使うことが多いためです。

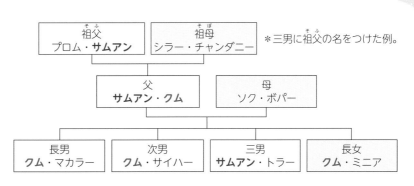

| 祖父 プロム・**サムアン** | 祖母 シラー・チャンダニー | ＊三男に祖父の名をつけた例。 |

父 **サムアン・クム**　／　母 ソク・ボパー

| 長男 **クム**・マカラー | 次男 **クム**・サイハー | 三男 **サムアン**・トラー | 長女 **クム**・ミニア |

▲結婚によって姓がかわることはない。「姓・名」の表記は公的な書類などで使用されるが、会話のなかでは、名前やあだ名でよびあうことがほとんど。姓でよびかけると、父親や祖父のことを指していると思われてしまうからだ。

貧困から挑戦できる社会へ

新たな仕事を生みだす

オンロンピー村はシエムリアプ中心部から約25kmの村です。観光都市として年間約426万人（2019年）の観光客が訪れる市内から出される大量のごみは、すべてこの村の集積場に運ばれます。焼却炉やリサイクル施設はなく、そのままごみは山積みにされています。ごみ山は異臭や有害なガスが発生し、けがや事故が起こりやすい危険な場所です。周囲の村に住む一部の人たちは、そんなごみ山から金属やびんなどを集めて売ることを仕事にしています。

山勢拓弥さんは、ごみ山で働く人たちに新たな仕事の選択肢を生みだそうと活動をしています。そのひとつがバナナペーパーです。村のバナナを利用し、天然素材だけの手すき紙の生産と販売をおこなっています。現在は村の女性9名がたずさわり、収入を得ています。

▲オンロンピー村のごみ山。ガラスの破片や注射器などの危険物もふくまれている。そんななかで家計を助けるために、働く子どもも多い。

▲山勢拓弥さん。カンボジア法人Kumae Banana Paper Products を設立し、さまざまな事業を展開している。

▲バナナペーパー（左下）と加工商品。お土産品としてパソコンケースや小物入れも開発。

◀プノンペン郊外の巨大なごみ山。カンボジアの主要都市では、数年以内に埋立地がいっぱいになるとされ、国全体の課題のひとつだ。

▲捨てられるバナナのくきを村人から買い、繊維を取りだす。かたい部分は煮る。

▲唐臼を使い、杵で繊維を打ってさらにやわらかくする。

▲はさみを使って繊維を細かく切る。水を加え、ミキサーでどろどろにする。

▲木枠を使って繊維をすくう。その後、タオルで余分な水分をふきとる。

▲板の上で乾燥させて完成。紙づくりは、村の人と試行錯誤しながら開発した。

▲新たに防水ペーパーを開発し、ミシンによる商品の加工もおこなう。

挑戦できる社会に

「貧困からぬけだし、自然豊かな村でふつうの生活を送りたい」——そんな村の人の思いをうけ、山勢さんはごみ山の問題に取り組んでいます。さらに村では、なかまたちとコショウ栽培や食用コオロギの養殖などにも新たに挑戦し、その活動は広がっています。また、日本からは就業体験や見学者を受けいれ、自ら行動する大切さを伝えています。カンボジアだけでなく日本ももっと自由に仕事を選択し、挑戦できる社会にしたい、と話してくれました。

▲カンボジアの特産品として知られるコショウ。高温多湿が生育に適しており、村では環境を整えながらの挑戦で、現在（2023年）は実がなりはじめた。コショウ苗1本の持ち主になる制度を採用し支援者を募集している。

ともに歩み技術を伝える

命を救う知識

サイド・バイ・サイド・インターナショナル（SBSI）は、カンボジアの公立病院における救急医療向上のための支援をおこなう日本の団体です。救急車や医療機器の寄贈だけでなく、医療従事者や市民への救命講習会や訓練を無料で開催しています。

カンボジアにおける事故による死亡率は日本の6倍以上（2018年）です。スタッフの佐々木明子さんは、応急手あてや蘇生法の正しい知識を学び、適切な処置をすることで救える命があると話します。人材を育成し啓発することで、命を守るネットワークは広がります。カンボジア人がカンボジア人を救える社会をめざし、SBSIの支援活動は続いています。

▲国立病院での講習会には、救急隊員や医師、看護師が参加。

▲カンボジアは学校にプールがないため泳げない人が多く、水難事故も多い。昔ながらのまちがった蘇生法で失われる命もあるという。

▼日本の学生医療支援NGOのGRAPHISの協力で寄贈した日本製の救急車。道路状況の悪いカンボジアでは搬送にも注意が必要だ。

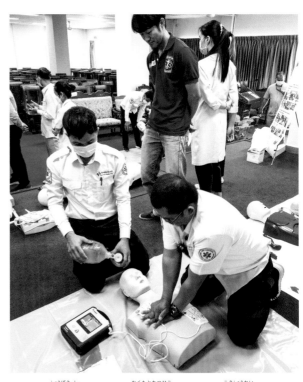

▲日本で消防士をしていた奥本達彦さん（上）も講習会に参加し、AEDの使い方や心肺蘇生法について指導。

▲佐々木明子さん（右）。SBSIは日本の震災支援、アフリカ・アジアへの緊急車両や人道救済物資支援をしているNPO組織。

手仕事を伝える

クロマー（→p37）はカンボジアで日常的に使われる綿の1枚布です。シエムリアプ州のタポーク村で、髙木智子さんは昔ながらの手織布の工房クロマーユーユーを運営しています。

日本で手織物を学んだ髙木さんは、織仕事を教えるボランティアを機に工房を開きました。現在は10名の女性スタッフが働いています。市場では機械で大量生産されたクロマーも売られていますが、この工房では品質を保ちながら1点ずつていねいな手作業で織りあげます。

どのスタッフも真剣なまなざしで作業に取り組みます。生産される1枚のクロマーには、日本とカンボジア、2つの国でみがかれた技術がたくさんつまっているのです。

▲クロマーユーユーのスタッフと髙木智子さん（右はし）。

▲スタッフと確認しながらたて糸の準備を進める髙木さん。「ものづくりはシンプルだけれど幸せな仕事です」と教えてくれた。

▲織機の部品のひとつである筬にたて糸を通す作業。

▲よこ糸を管に巻く。自転車の車輪を利用。

▲クロマーユーユーで織られた伝統的な格子もようの商品。

動画が見られる！

▲織機。手と足を使い、全身で織りあげていく。

45

カンボジア基本データ

正式国名

カンボジア王国

首都

プノンペン

言語

公用語はカンボジア語（クメール語）。

民族

クメール人が85％と大部分を占め、中国系6％、ベトナム人3％、チャム人2％、その他4％。

宗教

仏教（おもに上座部仏教）が96.9％、イスラム教1.9％、キリスト教0.4％。

▲カンボジア正月には寺院へお参りをする人たちがたくさん訪れる。

通貨

通貨単位はリエル。1リエルは約0.03円。紙幣のみ、10万、5万、3万、2万、1万5000、1万、5000、2000、1000、500、200、100、50リエル。アメリカドルも広く利用される（1ドルは約4000リエル）。

▲2023年現在、カンボジアで使用されている紙幣の一部。

政治

立憲君主制。元首はノロドム・シハモニ国王（2004年10月即位）で国の象徴的存在である。内戦後は30年以上にわたりカンボジア人民党のフン・センが首相として国を統治した。2023年の下院総選挙でも人民党が勝利し、フン・センの長男フン・マネットが新首相に就任した。

▲プノンペンにある国会議事堂。

産業

縫製業、農業、建設業、観光業などがおもな産業。農業従事者は322万人、GDP（国内総生産）は24.3％。近年は観光業にも力を入れており、2019年には661万人の観光客が訪れている。

情報

テレビはおもに国営のTVK、民間のTV5、Bayon TV、CTN、Hang Meas HD TVの5事業者。ラジオは国営のRNKや多数の民間FM局が放送をおこなう。紙で発行されている新聞はカンボジア語の「ノーコー・トム」「コ・サンテピアップ」、英語では「プノンペン・ポスト」「クメールタイムス」。いずれもインターネットによる情報発信が進む。

貿易

輸出総額 175億ドル (2021年)
おもな輸出品は衣類、はき物、バッグ類など。おもな輸出先はアメリカ、EU、中国など。

輸入総額 287億ドル (2021年)
おもな輸入品は繊維と織物、機械類、自動車など。おもな輸入先は中国、シンガポール、タイなど。

日本への輸出
2543億円 (2022年)
おもな輸出品は、衣類、はき物、革製品。

日本からの輸入
672億円 (2022年)
おもな輸入品は一般機械、輸送機器（車両やバイク）、食料品。

軍事

(2020年)
兵士 12万4000人
志願兵役制である。最高司令官はノロドム・シハモニ国王。

カンボジアの歴史

アンコールと植民地の時代

1世紀ごろにメコン川流域に扶南がおこり、6世紀には真臘、802年にアンコール国が成立した。12世紀前半のスールヤバルマン2世の時代にはアンコールワットが建造され、東南アジアの大半を支配下に帝国を築いたが、1431年にタイのアユタヤ国に侵略され滅亡した。その後は内紛が続き、1863年にフランスの保護国となり、植民地支配が始まった。1887年にはフランス領インドシナに編入され国民は重税に苦しんだ。1940年には日本軍のインドシナ進駐も始まった。翌年、18歳のノロドム・シハヌークが王位についた。

▲植民地時代の1910年から1920年に建てられた建物。現在はユネスコ事務所として使われている。

対立と紛争の連続

1953年、カンボジア王国として完全独立をはたすが、保守的なシハヌークと共産主義勢力との争いが続いた。1960年代はプノンペンが「東洋のパリ」とよばれる平和な時代をむかえるが、1970年にアメリカの支援を受けたロン・ノル将軍がクーデターをおこし、王政から共和制に移行、クメール共和国になった。ベトナム戦争におけるアメリカ軍の爆撃はカンボジアまで拡大し、さらに政府軍と共産主義勢力軍による戦闘も始まった。

1975年、ポル・ポトを中心としたカンボジア共産党（クメール・ルージュ）が政権を樹立、1976年には国名を民主カンプチアと改めた。極端な共産主義社会をめざした政権は、都市住民をすべて農村部に強制移住させ、集団農場での強制労働を課した。政治家や知識人、芸術家、スパイと疑われた人びとの拷問と処刑がおこなわれた。処刑者や病死者、食糧不足による餓死者など犠牲者は170万人前後ともいわれる。

1978年にはベトナムが侵攻を開始し、ポル・ポト政権を追放して旧ソ連やベトナムに支援されたヘン・サムリンを国家元首とするカンボジア人民共和国が樹立された。その後もシハヌーク派、クメール人民民族解放戦線、ポル・ポト派による内戦が続いた。

▲ポル・ポト政権時代、S21とよばれ多くの犠牲者が出た政治犯収容所。現在は博物館として公開、ユネスコの記憶遺産にも登録。

王政復古と長期政権

1991年にASEANと国連による主導のもとパリ和平協定が調印され、13年におよぶ内戦が終結した。1992年には国連カンボジア暫定機構の活動が開始され、日本ははじめて国連PKOに参加した。1993年、制憲議会選挙がおこなわれ、シハヌーク派のフンシンペック党が第1党になり、新憲法のもと王政が復古しカンボジア王国となった。ラナリット第1首相（フンシンペック党）、フン・セン第2首相（人民党）の2人首相制連立政権であった。1998年の国民議会選挙ではフン・セン率いる人民党が過半数を獲得し、2003年の選挙でも勝利した。2013年の選挙では野党救国党が躍進したが、2017年に解党された。2018年の選挙では人民党が全議席を独占し、2023年の選挙でも有力野党が事前に排除され、人民党が圧勝し事実上の一党独裁体制が続く。

◀独立記念塔。1953年のフランスからの独立を記念して建てられた。

47

さくいん

取材を終えて

小原佐和子

　カンボジアにはフランスの植民地支配からの独立後、約40年間に政治体制と国名が5回かわる激動の時代がありました。1970年代のポル・ポト政権下では東南アジア近現代史上最大の国民大虐殺を経験し、国に大きな傷あとを残しました。

　内戦後、まさにゼロからのスタートとなったこの国では和平と復興がめざされ、日本をふくむ国際社会の協力と国民の働きによって、めざましい経済発展が続いています。首都プノンペンには高層ビルとおしゃれなカフェがならび、今回の訪問ではその開発のスピードにおどろかされるばかりでした。いっぽうで、経済的事情で小学校に通わずに働く子どもや、開発によって慣れ親しんだ住居からの転居をせまられる人もいました。発展と同時に広がる経済と教育の格差や社会の課題を知りました。人びとの権利と自由意思が尊重され、公正で民主的な社会がつくられることを願います。

　カンボジアの失われた歴史や芸術、戦争の記憶を次世代に残す仕事は深く印象に残るものでした。私たちがいま豊かなカンボジア文化や記録にふれられるのは、国や民間、個人による多くの取り組みとたゆまぬ努力があったからこそだとあらためて記さねばなりません。過去と未来をつなぐ彼らの活動が、これからの国の礎のひとつになることでしょう。

　友好70周年をむかえたカンボジアと日本。これまでの支援に加え、観光や留学、特定技能制度など、その交流はますます深まることが予想されます。両国からこれからどんな対話や協力がうまれるのか、楽しみです。

　カンボジアをめぐる取材には通訳者で写真家の荒井伸元さんにご協力いただきました。この旅を通し、多くの光あふれる風景と出会えたことに感謝します。

▲仲よしのふたり。移転交渉の続く村で。

●監修
福富友子（上智大学・慶應義塾大学非常勤講師）

●写真提供
stock.adobe.com（p40：中）

●取材協力（順不同・敬称略）
荒井伸元／カンボジア法人 Kumae Banana Paper Products ／クロマーユーユー／認定NPO法人サイド・バイ・サイド・インターナショナル／独立行政法人国際協力機構（JICA）／ Khmer Angkor Training Art Club ／ Kun Sreypich ／ Long Vibol ／ Preah Norodom Primary School ／ Yorn Sovann Chanmony's family ／ The Ministry of Education, Youth and Sport ／ Thong Thai ／ Yort Trop

●参考文献
上田広美、岡田知子、福富友子・編著『カンボジアを知るための60章【第3版】』（明石書店）／上田広美、岡田知子・編著『カンボジアを知るための62章【第2版】』（明石書店）／福富友子『旅の指さし会話帳（19）カンボジア』（情報センター出版局）／古田元夫『東南アジア史10講』（岩波書店）／岩崎育夫『入門 東南アジア近現代史』（講談社）／アング・チュリアン、プリアプ・チャンマーラー、スン・チャンドゥプ『カンボジア人の通過儀礼』（めこん）／石毛直道、森枝卓士『世界の食文化（4）ベトナム・カンボジア・ラオス・ミャンマー』（農山漁村文化協会）／『データブック オブ・ザ・ワールド 2023』（二宮書店）／「Demographic Yearbook 2021」（国際連合）／「カンボジアの農林水産業概況」（農林水産省）／「日本貿易会月報」（2009年11月号）／白石英巨「プノンペン（カンボジア）の街区居住に関する研究 ショップハウスが形成する街区空間とその役割に着目して」（京都大学）／高橋宏明、エク・ブンタ「1. カンボジアの伝統芸能：スバエクとトロット」（上智大学アジア文化研究所）

●地図：株式会社平凡社地図出版
●校正：株式会社鷗来堂
●デザイン：株式会社クラップス（佐藤かおり）

現地取材！　世界のくらし11

カンボジア

発行　　2024年4月　第1刷

文・写真　：小原佐和子（おばら さわこ）
監修　　　：福富友子（ふくとみ ともこ）
発行者　　：千葉均
編集　　　：原田哲郎
発行所　　：株式会社ポプラ社
〒141-8210　東京都品川区西五反田3丁目5番8号
　　　　　　JR目黒MARCビル12階
ホームページ：www.poplar.co.jp（ポプラ社）
　　　　　　kodomottolab.poplar.co.jp（こどもっとラボ）
印刷・製本　：大日本印刷株式会社

©Sawako Obara 2024 Printed in Japan
ISBN978-4-591-18085-3
N.D.C.292/48P/29cm

現地取材！ 世界のくらし

続刊も毎年度刊行予定！

- 小学高学年〜中学向き
- オールカラー
- A4変型判　各48ページ
- N.D.C. 292
- 図書館用特別堅牢製本図書